Kleiner Lexi-Lesezauber
Basis I

Geschichten mit Fantasie
zum Lesen und Staunen

Anette Gampe & Ralf Tritschler

Impressum

Titel: Kleiner Lexi-Lesezauber Basis I
Autoren: Anette Gampe & Ralf Tritschler
Illustrationen: Anette Gampe

© Lexi LRS-Training GbR (Hrsg.)
Ralf Tritschler & Anette Gampe
Hauptstraße 53
78628 Rottweil
www.lexi-lrs-training.de
info@lexi-lrs-training.de

Sie finden Lexi auch auf Instagram und Facebook.

1. Auflage 2024

ISBN: 978-3-384144-08-9

Inhaltsübersicht

Einführung 4

Malen, lesen, rufen wir? 8
Sommer auf einer Insel 10
Was für eine Reise wollen alle machen? 12
Die faulenzenden Molche 14
Ellie, Bello und die Marder 16
Gazellen und Löwen 18
Sollen alle Sumoringer einen wabbeligen Bauch haben? 20
Warum hat der Wombat so ein festes Hinterteil? 22
Papageien leihen anderen gerne den Namen 24
Warum bewerfen sich Oktopusse mit Modder? 26
Warum haben Raben einen so schlechten Ruf? (Bonus) ♡ 28

Literaturverzeichnis 30

Eine Einführung in unseren „Kleinen Lexi-Lesezauber".

Lassen Sie uns mit einer kleinen Reise in Ihre Vergangenheit beginnen. Erinnern Sie sich noch, als Sie erwartungsfroh und voller Neugier im Bett lagen, es kaum erwarten konnten, die Gute-Nacht-Geschichte zu hören? Oder wie Sie auf dem Schoß Ihrer Eltern oder Großeltern auf dem Sofa neben ihnen sitzend, dem Klang Ihrer Stimmen lauschten, während Sie Ihnen eine Geschichte vorlasen? Mit der Zeit verspürten Sie dann immer mehr den Drang, selbst lesen zu können, und als Sie selbst zu lesen begannen, konnten Sie es kaum erwarten, den Fortgang einer Geschichte zu erfahren.

Genau diesen Drang möchten wir bei den Kindern wieder hervorzaubern. Wir wünschen uns, dass eine unserer wichtigsten Kulturtechniken lebendig bleibt. Meghan Cox Gurdon beschreibt in ihrem Buch „Die verzauberte Stunde", welch hohen Stellenwert das Vorlesen (und auch das Lesen) für die

geistige Entwicklung, das Entwickeln von Beziehungen, das Denken und die Fantasie hat. Sie zitiert Studien, die aufzeigen, dass das Geschichtenanschauen am Bildschirm nur sehr wenige Gehirnbereiche aktiviert. Aktives Vorlesen, bei dem die Kinder mit einbezogen werden, löst jedoch ein Feuerwerk im Gehirn aus. Erinnern Sie sich an die Dialoge mit den Vorlesenden: „Na, wo ist der Hase?", „Wo ist das rote Auto?"

Wie sollen unsere Kinder später durchs Leben gehen, wenn sie keine Fantasie mehr haben und differenziertes Denken verlernt wird? Wie den Alltag bewältigen, Partner finden, Beziehungen aufbauen und halten und auf sie einstürmende Probleme lösen? Damit geraten nicht nur der Fortschritt, sondern auch unsere Demokratie in Gefahr und Fake News sind Tür und Tor geöffnet. Gleichzeitig erfordert unsere hochtechnisierte Welt immer umfangreichere Kenntnisse im Lesen, weil das Wissen in unserer Welt sich nahezu exponentiell entwickelt.

Die kurzen Texte und Geschichten im Lexi-Lesezauber sind aus unserer täglichen Praxis mit Kindern, Jugendlichen und Erwachsenen entstanden, die nicht oder nur rudimentär lesen und schreiben können. Sie sollen Spaß machen und neugierig machen, die Inhalte zu erkunden. Die eigentlichen Textinhalte regen zum Denken an, mit dem Ziel, Leselust zu entfachen, weiter zum Thema zu recherchieren und darüber zu sprechen. Gleichzeitig fördern sie den Dialog mit den Kindern, machen Sprache erfahrbar und stellen somit Sprachförderung auf semantischer Ebene dar. Satzglieder, Sätze und Sinnabschnitte werden in Zusammenhang mit Sprache, Melodie und Textinhalt gebracht. Nebenbei erweitert sich der Wortschatz und kann somit auch der allgemeinen Sprachlosigkeit entgegenwirken.

Ein paar Infos zum Lesenlernen

Lesen ist ein vielschichtiger Prozess, der weit über das reine Erkennen und Dekodieren von Buchstaben hinausgeht. Es gilt, einzelne Buchstaben zu Silben zu verschleifen, danach die Silben zu einer Einheit als Wort zusammenzufassen und anhand der morphematischen Struktur den Sinn des Wortes zu erfassen, damit das Wort zunehmend automatisiert aus dem inneren Lexikon erkannt und verstanden wird.

Früher ging man davon aus, dass diese Prozesse mehr oder weniger nacheinander ablaufen, heute betrachtet man das Lesenlernen als einen fluiden Prozess, in dem die einzelnen Lernschritte quasi ineinander verschmelzen (s. Abbildung).

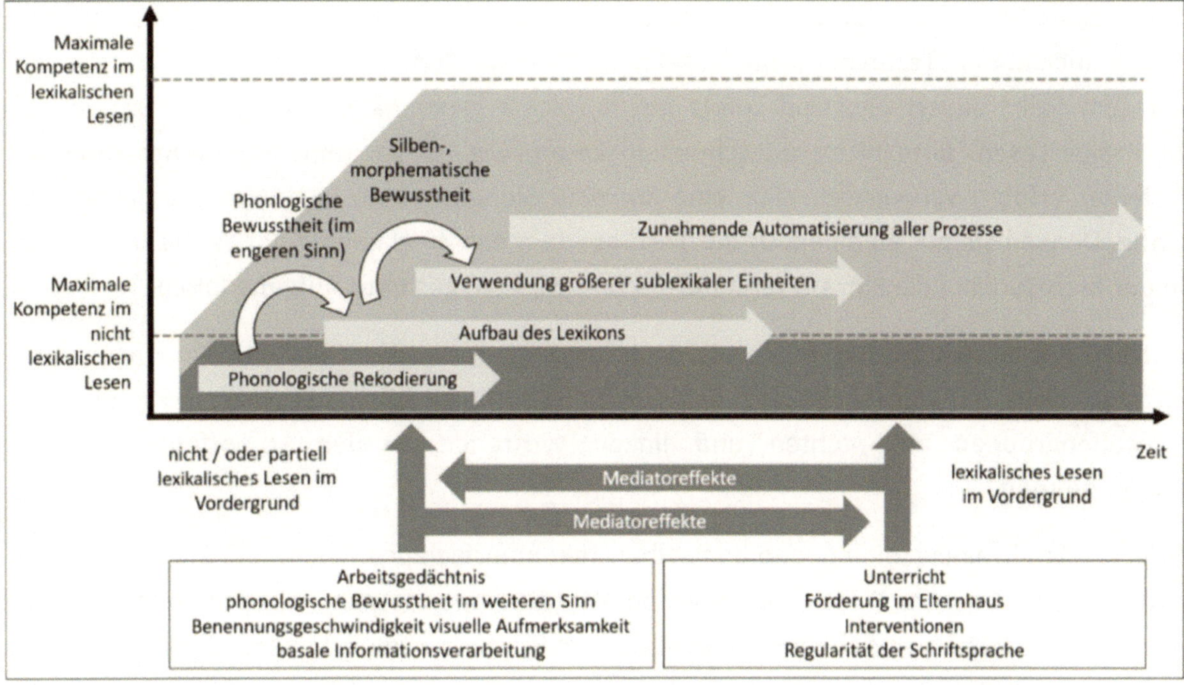

Abb. 2: Das Kompetenzentwicklungsmodell in Anlehnung an Klicpera et al. (2020)

Mit Lexi tragen wir dieser Entwicklung Rechnung, indem es möglich ist, in einem Kurssystem das Lesen zu verbessern, zu optimieren, wenn die vorhandenen Schwierigkeiten nicht zu gravierend sind. Sollten größere Lese- und Rechtschreibprobleme vorhanden sein oder Leseanfänger behandelt werden, bieten wir mit unserem differenzierten Aufbau die Möglichkeit, das Lesen und Schreiben in kleinen Schritten aufzubauen. Dabei legen wir Wert darauf, dass es nicht einzelne, in sich abgeschlossene Lernschritte sind, sondern ein ineinandergreifender Prozess, bei denen die einzelnen Teilschritte sinnvoll miteinander verknüpft werden und so der Leseprozess aus mehreren Ebenen gestützt und aufgebaut wird. Sind die basalen Lesefertigkeiten ggf. auch mit Hilfe von Lautgebärden aufgebaut, so greifen wir relativ früh morphematische Gegebenheiten auf, um die Sinnerfassung zu ermöglichen. Der Spaß und die Freude am Lesen kommen dabei nie zu kurz. Den genauen Prozess, insbesondere für Therapeut*innen und Förderlehrer*innen, beschreiben wir auf unserer Homepage im internen Bereich der Mitglieder.

Einige Anregungen zum Umgang mit diesem Heft

Dieses Heft ist eine Ausgliederung aus unserem umfangreichen Fördermaterial. Es bietet sich an, es auf vielfältige Weise zu verwenden. Die Texte sind geeignet für Kinder, welche die Buchstaben bereits sicher einem Laut zuordnen können und denen es gelingt, Einzellaute zu Silben zu verbinden.

Zur Sicherung der Wortdurchgliederung können vorab Vokale oder im Band 2 Cluster markiert werden, um danach das laute Lesen mit gleichzeitigem (synchronem) Malen von Silbenbögen anzuschließen.

In einem weiteren Schritt kann derselbe Text noch einmal laut und ohne jegliche Markierung gelesen werden. Hierzu sollte der Text aus dem Lesezauber einmal herauskopiert werden. Mit diesem differenzierten Vorgehen erreichen wir eine Verbesserung der Lesegenauigkeit.

Für ein reines Training des flüssigen Lesens kann das Markieren von Vokalen oder Clustern entfallen und ggf. auch auf das Lesen mit Silbenbögen verzichtet werden.

In diesem Fall trainiert das Kind sofort ein möglichst gleichmäßig schnelles, aber weitgehend fehlerfreies Lesen. Bitte nicht mit schnellem Lesen, wie es oft, ohne Rücksichtnahme auf die Lesefehler erfolgt, verwechseln. Für eine korrekte Sinnentnahme ist fehlerfreies Lesen absolut wichtig. Denken Sie nur an einen Mathe-Test, bei dem das Weglassen einer Wortendung den Sinn von der Mehrzahl auf die Einzahl verändert, schon wird die gesamte Aufgabe falsch.

Zusätzlich hat es sich unserer Erfahrung nach bewährt, wenn das Kind mit dem Finger unter die Wortmitte tippt. Der Finger zeigt dem Blick, wohin er springen soll, und steuert ihn somit. Buchstabengruppen am rechten und linken Wortende werden so offensichtlich besser wahrgenommen.

Erfolgt das Lesetraining mit ein- und demselben Text mehrfach pro Woche, wird Stück für Stück das Ganzwortlesen trainiert. Wortbilder werden bei diesem erneuten Lesen vermutlich schneller abgerufen und etablieren sich dadurch eventuell im Sichtwortschatz. Untersuchungen mittels MRT zeigen, bereits vor Reizdarbietung werden die visuellen Eigenschaften erwartbarer Wörter voraktiviert. *(Radach, Hofmann; 2016; Graphematische Verarbeitung beim Lesen von Wörtern)*

Bei manchen Kindern hat sich das Führen einer Lesetabelle als motivationssteigerndes Element herausgestellt, das dem Lesenden nicht nur laufende Fortschritte visualisiert, sondern auch seine Lesegeschwindigkeit steigert. Hierzu wird beim ersten Lesen ohne Silbenbögen die Zeit gestoppt und das Ergebnis in der Tabelle festgehalten. Der Lesepartner legt anschließend gemeinsam mit dem Kind eine Zielzeit fest, die durch das tägliche Lesetraining nach einer Woche bei fehlerfreiem Lesen erreicht werden kann. Zur Verstärkung des Erfolgs hat es sich bewährt, wenn der Lesepartner anfangs den Text ebenfalls laut liest und seine Lesezeit stoppt, die nun als Zielzeit gilt – in diesem Fall sollte der Lesepartner aber seine Lesegeschwindigkeit etwas an die aktuellen Leistungsmöglichkeiten des Kindes anpassen, um keinen Frust aufkommen zu lassen. Die so vom Lesepartner erreichte Zeit zu unterbieten, kann dann ein „sportlicher" Anreiz sein. Vorrangig gilt, Lesegenauigkeit steht vor Lesegeschwindigkeit. Bei manchen Kindern kann es daher notwendig sein, neben der Lesezeit auch Lesefehler zu notieren, mit dem Ziel, beides durch das mehrmalige Lesen des Textes zu verringern. Das Führen eines Leseprotokolls wird auch von Rosebrock und Kollegen vorgeschlagen. (Rosebrock et al., 2011, S. 83).

Passende Textüberschriften haben wir meist als Fragen oder als feststehende Aussagen formuliert. Wir möchten damit schon vor dem Lesen Gedankenbilder provozieren und ein möglicherweise vorhandenes Vorwissen beim Leser aktivieren, um bereits jetzt eine inhaltliche und emotionale Verbindung zum Text herzustellen.

Jeder Text ist dazu außerdem mit Bildern illustriert, welche weitere Informationen über den Inhalt liefern.

Für diese intensive inhaltliche Auseinandersetzung mit unseren Texten haben wir meist ein Übungsblatt angefügt. Es fordert den Lesenden auf, sich mit den Inhalten auch schriftlich auseinanderzusetzen. Die Fragen zum Text sind so formuliert, dass es gelingen kann, sie – dem jeweiligen Lernstand im Rechtschreiben entsprechend – rechtschriftlich korrekt zu beantworten. Idealerweise wird die Beschäftigung mit den Texten als Bereicherung empfunden, welche die Lesefähigkeit steigert, das Wissen erweitert, Spaß macht und die natürliche Neugier befriedigt.

Erfahrungsgemäß ist es für das Kind hilfreich, einen Lesepartner zur Seite zu haben, der gleichzeitig mitliest und auf Fehler aufmerksam macht. Diese werden sodann korrigiert und das fehlerhafte Wort oder gegebenenfalls der gesamte Satz noch einmal gelesen.

Auch das Tandemlesen kann mithilfe der strukturierten und aufeinander aufbauenden Texte erfolgen, um den Flüssig-Leseprozess zu fördern. Der Vorteil ist, unsere Texte bauen sprachsystematisch aufeinander auf, beinhalten nur wenige Lernwörter und ermöglichen so ein systematisches Vorangehen.

Mit der Zeit kommen wir dann immer mehr zu einem flüssigen (lauten) Lesen, bei dem es gleichzeitig gelingt, den Sinn des Gelesenen zu erfassen. Dies wiederum ist die Voraussetzung dafür, melodisch betont und sinnentnehmend lesen zu können.

Erinnern Sie sich: Sie haben es früher geliebt, wenn mithilfe der Stimme Spannung aufgebaut wurde und die Melodie das Gesagte unterstützte. Damit wird das Lesen zum Geschichten-Erzählen, beginnt Spaß zu machen und lässt Bilder im Kopf entstehen.

Wir wünschen Ihnen allen nun ein gutes Gelingen und viel Freude mit unserem Material.

Zum Schluss noch ein kleiner Ausflug in „Eine Geschichte des Lesens" von Alberto Manguel:
In den Zigarrenfabriken in Kuba entstand 1865 der Plan, für die Arbeiter eine Zeitschrift mit politischen Beiträgen sowie Artikeln zur Wissenschaft und Literatur herauszubringen. Da jedoch die meisten Arbeiter nicht lesen konnten, wurde ein Vorleser engagiert, der den Arbeitern die Zeitung während der Verrichtung ihrer Tätigkeiten vorlas. Dazu ein kurzes Zitat aus dem Buch (S. 162f):
„Das Vorlesen in der Werkstatt hat nun zum ersten Mal stattgefunden, … . Dies stellt einen gewaltigen Fortschritt in der allgemeinen Entwicklung der Arbeiterschaft dar, denn auf diese Weise macht sie sich allmählich mit Büchern vertraut, der Quelle immerwährender Freundschaft und wertvoller Unterstützung."

Manchem gefiel dies nicht, sodass der Gouverneur von Kuba dies einige Monate später untersagte. Uninformierte Menschen lassen sich scheinbar besser manipulieren.

Anette Gampe, Ralf Tritschler, 2024

Malen, lesen, rufen wir?

Malen wir schöne rosa

Rosen für meine Mama?

Nein, wir malen faule

Löwen!

Malen wir Omas Schafe?

Nein, wir malen nur mein

Schaf!

Lesen wir schöne Romane?

Nein, wir laufen raus!

Rufen wir Laura?

Nein, wir rufen Emil!

(42 Wörter)

Fragen zum Text

Was malen wir für meine Mama?

Wir

Malen wir Omas Schafe?

Nein,

Sommer auf einer Insel

Elsa und Ole sonnen faul
auf einem Felsen in warmer Sonne.
Emma und Leon malen am Wasser.
„Schau, Emma, was für schöne
Wellen am Ufer. Was wollen wir
malen?" „Wir malen Möwen
und Schiffe in Wellen am Ufer."
Emma und Leon malen eine Weile.
Auf einmal schauen Elsa und Ole
auf und rufen:
„Los, wir wollen Eis!" Alle essen
am Ufer ein feines Waffeleis.
Was für ein schöner, fauler Sommer!

(74 Wörter)

Fragen zum Text

Was wollen Emma und Leon malen?

Wir

Was essen alle am Ufer?

Alle

Was für eine Reise
wollen alle machen?

Leon, Emma, Elsa und Ole wollen
im Sommer eine Reise machen.

Emma und Leon suchen
eine Reise am Nil aus.
Alle sollen auf Schiffen
reisen, Affen, Fischreiher
und Warane filmen.

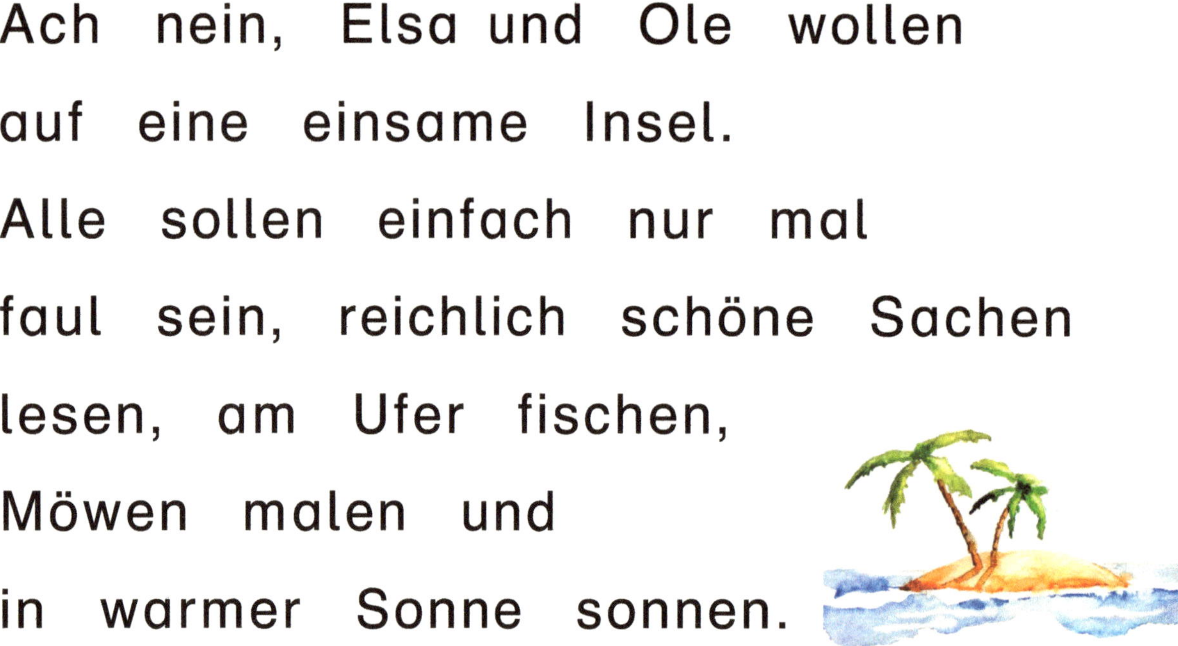

Ach nein, Elsa und Ole wollen
auf eine einsame Insel.
Alle sollen einfach nur mal
faul sein, reichlich schöne Sachen
lesen, am Ufer fischen,
Möwen malen und
in warmer Sonne sonnen.

Was sollen Emma, Leon, Elsa
und Ole nun machen?

(80 Wörter)

Male Schiffe
für Leon und Emma
und eine Insel
für Elsa und Ole.

Die faulenzenden Molche

Feuersalamander und Fadenmolche
hausen zusammen
an einem Weiher.

Alle Feuersalamander huschen
hin und her, um Ameisen
oder Würmer zu suchen.

Die Fadenmolche dösen
einfach nur am Wasser
in der Sonne.

„Solche Faulenzer", maulen alle
Feuersalamander, „die Fischreiher
werden euch holen."

„So was Dummes", lachen die Molche,
„warum sollen die Reiher ruhende
Molche sehen, die Reiher sehen doch
nur euch, da alle
immer nur umherhuschen."

(70 Wörter)

Fragen zum Text

Was machen alle Feuersalamander?

Alle

Was machen die Fadenmolche?

Die

Ellie, Bello und die Marder

Am Wochenende laufen
meine Nachbarin und ich
an einem rauschenden Bach.
Unsere Hunde Ellie und Bello
sausen umeinander herum.

Auf einmal lauschen beide, bellen
und rasen los. Wir rufen und eilen
unseren Hunden über die Wiese
nach. Ellie und Bello sausen
um einen Baum
und bellen immer wilder.

Auweia, hoch oben
fauchen Baummarder.
Rasch binden wir unsere Hunde
an die Hundeleinen.
Sicher werden die Marder noch eine
Weile mit rasendem Herzen im Baum
ausharren.

(79 Wörter)

Fragen zum Text

Wo laufen meine Nachbarin und ich am Wochenende?

Meine

Warum bellen Elli und Bello am Baum?

Weil

Gazellen und Löwen

Gazellen leben in sicheren Herden
auf Weiden. Jeden Morgen wachen
Gazellen in warmer Sonne auf
und wissen:
Wollen wir überleben,
so müssen wir laufen,
rennen, wachsam sein.
Warum?

Löwen leben gemeinsam in einem Rudel
und jagen zusammen. Jeden Morgen
erwachen Löwen in warmer Sonne.
Auch Löwen wissen:
Wollen wir überleben,
so müssen wir laufen,
rennen, wachsam sein.
Warum?

Egal, Löwe oder Gazelle, beide wissen:
Beim Aufgehen der Sonne müssen wir
rasch laufen.

(75 Wörter)

Vervollständige die Sätze aus dem Text.

Gazellen

Löwen

Sollen alle Sumoringer einen wabbeligen Bauch haben?

Sumoringer müssen jede Menge Masse haben. Darum langen einige bei jedem Essen gerne zu. Um rascher Masse aufzubauen, ruhen sich die Ringer nach dem Essen aus und dösen eine Weile. Daher der wabbelige Bauch! Manche berichten aber auch über dünnere Sumoringer. Die winzigen Hosen werden aus einem langen Seidenschal gebunden, dessen Enden um den Bauch gewunden werden. Um das Ringen zu gewinnen, müssen Gegenringer rasch zu Boden geworfen werden.

Das Sumoringen hat ein langes Erbe. Junge Sumoringer leben immer noch gemeinsam in Sumo-Schulen und werden neben Ringerübungen zu bescheidenen, höflichen Menschen erzogen.

(100 Wörter)

Fragen zum Text

Was machen Sumoringer
nach dem Essen?

Die Ringer

Was müssen Sumoringer machen,
um zu gewinnen?

Die Ringer

Warum hat der Wombat
so ein festes Hinterteil?

Der runde Wombat hat

seinen Bau unter der Erde.

Das pelzige Wesen

hat wenige Feinde. Nur die Dingos,

die wilden Hunde, jagen öfter mal

einen Wombat.

Dagegen hat jeder Wombat jedoch

eine besondere Waffe.

Die molligen Zeitgenossen robben

einfach in den Bau und machen

das Loch mit dem harten Hinterteil zu.

Ein solches Hindernis ist sogar

für Dingos selten zu überwinden.

Nur noch so nebenbei:

Die meisten Lebewesen hinterlassen Haufen

oder machen winzige runde Formen. Nur

der Wombat scheidet

jede Menge Würfelchen aus.

(90 Wörter)

Fragen zum Text

Welche Feinde

hat der Wombat?

Das pelzige

Was scheidet der Wombat aus?

Nur der

Papageien leihen anderen gerne den Namen

Papageientaucher sehen aus wie Pinguine

mit bunten Papageiennasen.

Alle tauchen gerne

und horten haufenweise

gefangene Fische im Maul.

Am Ufer tapsen

die lustigen Wesen bisweilen

unbeholfen hin und her.

Begeben sich Papageientaucher

doch einmal in die Lüfte, so fallen

die Tölpel beim Landen schon auch mal

auf den Po.

Zu den Papageifischen gehören 80 Arten.

Alle sehen aus, als habe ein Maler

die Fische einfach mit Pinsel

und allerlei Farben erfunden.

(77 Wörter)

Male bunte Papageifische in einem Ozean.

*Modder ist norddeutsch und bedeutet Schlamm, Morast

Warum bewerfen sich Oktopusse mit Modder*?

Forscher wollen beobachtet
haben, wie ein Oktopus
einen anderen mit matschiger
Pampe und Muschelschalen beworfen hat.
Scheinbar sammelte er die Sachen
mit den langen Armen auf und pustete
sie danach mit Hilfe des Wassers
auf den anderen Tintenfisch.
Die Tintenfische seien gerne allein,
und offenbar waren dem einen
die Tentakel des anderen im Wege.

Eine Taucherin aus Kanada berichtete jedoch
genau das Gegenteil: Einmal sei im Ozean
ein Oktopus nahe an sie herangekommen
und habe sie mit den langen Tentakeln
umfangen, um sie danach behutsam
damit zu umarmen. Die Forscher meinen,
es sei wie bei den Menschen.
An manchen Tagen wollen sie allein sein,
an anderen alle umarmen.

(115 Wörter)

Fragen zum Text

Womit   bewerfen   sich   Oktopusse?

Oktopusse

Was   meinen   die   Forscher?

An manchen Tagen wollen

Warum haben Raben keinen so guten Ruf?

Raben hocken in Scharen auf einem Baum oder Dach, machen dabei jede Menge Radau und lassen einen schon mal an Horrorfilme denken. Dabei galten Raben schon zu uralten Zeiten und in den alten Geschichten als weise Ratgeber.

Forscher meinen, weil die Eltern lange für die Jungen sorgen und sie beschützen, haben die geselligen und intelligenten Wesen die Zeit, allerlei Wissen zu sammeln. Um etwa Maden aus engen Rundungen zu angeln, bauen sie aus natürlichen Dingen sogar einfache Hilfen und machen es sich damit leichter, Beute zu erjagen.

Zudem haben die Forscher beobachtet: Raben erkennen einen Menschen, der einmal heimtückisch Böses tat, auch noch nach Monaten erneut. Auf der anderen Seite erinnern sie sich aber auch an einen guten Menschen.

(125 Wörter)

Fragen zum Text

Warum haben Raben die Zeit allerlei Wissen zu sammeln?

Weil die Eltern

Was haben Forscher zudem beobachtet?

Raben erkennen

Literatur

COX GORDON, MEGHAN, (2019) Die verzauberte Stunde – Warum Vorlesen glücklich macht; Insel

KLICPERA, C., SCHABMANN A., NIX D., GASTEIGE-KLICPERA B., SCHMIDT B., (2020) Legasthenie – LRS Modelle, Diagnose, Therapie und Förderung; Ernst Reinhardt

MANGUEL, ALBERTO, (2011) Eine Geschichte des Lesens; Fischer

RADACH R., HOFMANN M., (2016), Graphematische Verarbeitung beim Lesen von Wörter, in Domahs U. & Primus B. (Hrsg.) Handbuch Laut, Gebärde, Buchstabe (Handbücher Sprachwissen 2); De Gruyter

ROSEBROCK, C., GOLD A., NIX D., RIECKMANN C. (2011) Leseflüssigkeit fördern: Lautleseverfahren für die Primar- und Sekundarstufe; Seelze: Kallmeyer/Klett

Dein Erfolg ist unser Ziel!

Lexi ist vielseitig einsetzbar und versteht sich als Ergänzung für Ihr professionelles Vorgehen in der lerntherapeutischen Praxis. Mit Lexi erhalten Sie ein Training, das ressourcenaktivierend und individuell mit Kindern und Jugendlichen einsetzbar ist.

Unser Material bricht die oft zähen Lernprozesse auf und sorgt für erfrischende Abwechslung. Die Kinder erleben, dass Lesen und Schreiben nicht nur mühsames Üben bedeutet, sondern auch Neues, Spannendes oder Lustiges enthüllen kann. Somit legen wir mit unserem Fördermaterial den Grundstein für eine lebenslange Freude am Lesen und Schreiben.

Das Basistraining bietet grundlegende Übungen für Anfänger im Lesen und Schreiben, für schwer betroffene Kinder mit LRS sowie anspruchsvollere Aufgaben für jene, die weniger Probleme mit der Lautanalyse oder -synthese haben. Darauf aufbauend fließen im Schwierigkeitsgrad steigende Wortstrukturen ein. Schritt für Schritt folgen weitere Laut-Buchstabenverbindungen sowie Wörter mit häufigen Konsonantenverbindungen.

In allen Einheiten finden Sie eine Vielfalt an Textarten, die nicht nur interessant, sondern auch relevant sind, um die Lesegenauigkeit, -geschwindigkeit und das -verständnis zu verbessern. Fragen und Aufgaben zu diesen Texten fördern dabei das kritische Denken und die Fähigkeit zur Interpretation.

Das Rechtschreiben trainieren wir mit anfangs vorwiegend lautgetreuem Material, um das laute und leise Mitsprechen als hilfreiche Vorgehensweise zu fördern. Zusätzlich integrieren wir eine morphematische Herangehensweise, die das Verständnis von Wortbedeutungen unterstützen kann. Neben dem Fokus auf Rechtschreibung binden wir Grammatikübungen ein, damit korrekte Satzstrukturen und Ausdrucksweisen entwickelt werden können.

Wollen Sie mehr über uns erfahren? Besuchen Sie uns unter: www.lexi-lrs-training.de